JEAN MÉZIN

LES HOMMES

MONOLOGUE

DIT PAR

Mlle RACHEL BOYER

du Théâtre de l'Odéon

Dessin de Jean Béraud

PRIX : UN FRANC

PARIS

PAUL OLLENDORFF, ÉDITEUR

28 bis, rue de Richelieu, 28 bis

1887

Tous droits réservés

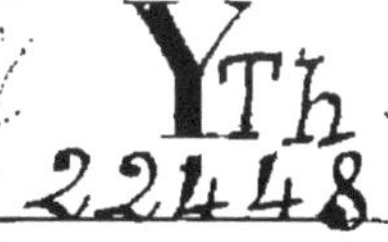

LES HOMMES

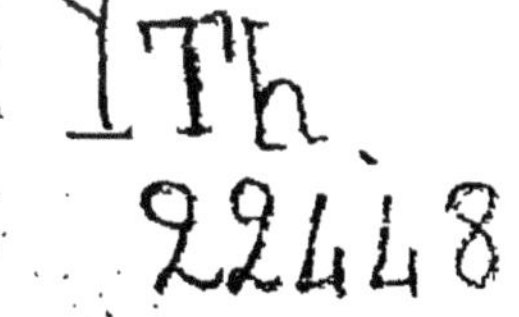

DU MÊME AUTEUR:

LES AFFAIRES, monologue, dit par Coquelin Cadet, de la Comédie-Française, in-18....................... 1   »

LE DÎNER, monologue, dit par Coquelin Cadet, de la Comédie-Française, in-18................... . 1   »

RIBAUDON, monologue, dit par Coquelin Cadet, de la Comédie-Française, in-18.................... 1   »

L'EAU, conférence, par Coquelin Cadet, de la Comédie Française, in-18 1   »

JEAN MÉZIN

LES HOMMES

MONOLOGUE

DIT PAR

Mlle RACHEL BOYER

du Théâtre National de l'Odéon

Dessin de Jean BÉRAUD

PARIS

PAUL OLLENDORFF, ÉDITEUR

28 bis, rue de Richelieu, 28 bis

1887

Tous droits réservés

LES HOMMES

A Madame A. P.

Que ces hommes sont bêtes !..... Pas vous,
Messieurs... non..., les autres... tous les autres...
Vous également, si vous protestez.

Écoutez donc le récit d'une aventure dont j'ai été
la victime et dont un homme fut le héros... Ou
plutôt, non, je crois que c'est tout le contraire.....
Enfin, vous allez en juger.

Mais que les hommes sont bêtes !

*
**

Hier matin, je faisais du cheval, au Bois, comme à
l'ordinaire... Vous ne m'avez jamais vue? Je crois
bien. Je ne monte pas à cheval pour les autres, moi,

dans l'allée des poteaux, au milieu d'un tas d'imbé-
ciles qui aiment le cheval pour la femme. Moi,
j'aime le cheval pour la bête, ce qui ne veut pas dire
que je l'aime pour l'homme ; non, j'aime le cheval
pour le cheval ; aussi, je me promène seule, toute
seule, dans l'allée de ..... Mais je ne veux pas vous
l'indiquer ; vous y viendriez tous les matins. Les
hommes sont si bêtes !

Donc, hier, je chevauchais dans ma petite allée
solitaire. C'était l'heure où le Bois peut encore se
croire à la campagne. Je partageais son illusion, et
ne lui demandais que les éléments d'une santé à
laquelle je sacrifiais tout, même la poésie. Je sentais
la sève monter de toutes parts dans la nature. Je
m'enivrais de vitalité. J'étais heureuse. . Tout à
coup, j'entends derrière moi le trot d'un cheval. Je
fais un temps de galop... Il galope. Je m'engage
dans un petit chemin absurde... Il le trouve à son
goût, et le prend. Evidemment ce cheval n'était pas
seul ; un cheval seul n'est pas aussi bête. Je me re-
tourne... Plus de doute ; j'étais suivie... par un
homme ; un homme à cheval, il est vrai, mais enfin
un homme.

J'avais devant moi une bonne heure avant ma
douche. Mon imbécile me paraissait affligé d'un
ventre qui préfère aller au pas. Je l'ai mis au trot et
au galop dans toutes les directions. Je l'ai fait

tourner, retourner, sauter, culbuter... et finalement tomber... Je croyais en être débarrassée, lorsqu'à l'Étoile, au moment de monter dans mon coupé, j'aperçois mon idiot qui s'épongeait le front à ma poursuite.....

Mon Dieu ! que les hommes sont bêtes !...

*
* *

Je vais à la douche, stores baissés. J'entre furtivement, comme une malheureuse qui a des infirmités. Je referme la porte derrière moi, précipitamment... Ouf ! Sauvée ! Quel débarras !... Je m'apprête. Le docteur Phoque, si empressé d'ordinaire, me fait attendre une demi-heure. J'entendais des voix d'hommes dans le douchoir, comme une dispute ; puis... un bruit de ferraille... Un duel, peut-être ?... Un duel dans un douchoir ! C'est impossible... Bah ! les hommes sont si bêtes ! .. Enfin, je puis passer. J'entre, et j'offre mes épaules aux coups de lance de l'habile docteur.....

— Mais qu'est-ce que c'est que ça ?... Docteur ! Docteur ! Vous vous trompez !... C'est de l'eau bouillante ! Oh ! ouh !... Maintenant c'est glacé !..... Aïe ! ça cuit ! Oh ! là là ! Vous m'inondez, docteur... Vous savez bien que je ne puis pas supporter le gros jet... Mettez la palette !... mettez donc la palette ! !... Bzinn ! !... Mais qu'y a-t-il donc ?...

Ce qu'il y avait ? Oh ! je n'oserai jamais vous le dire... Il y avait que j'étais douchée, sans le savoir, devinez par qui ?... Par mon idiot du Bois qui était empétré dans les robinets comme un pompier dans un buffet d'orgues !

Avais-je été suivie par un doucheur, ou étais-je simplement douchée par un Monsieur qui m'avait suivie ? La dernière hypothèse était la moins révoltante ; mais qu'importe ? Je n'avais pas le choix...

Mon Dieu ! Mon Dieu ! Que les hommes sont bêtes ! !.....

Je rentre dans ma cabine ; je fais ma toilette, à la hâte, après cette douche fantaisiste... J'étais toute troublée ; je monte en voiture.....

— Baptiste ! A la maison !

Je fais arrêter en route pour prendre quelques fleurs. Le valet de pied m'ouvre la portière... Ah ! pour le coup, c'est trop fort ! Encore mon Monsieur !... Baptiste, maintenant, ce n'est plus Baptiste... C'est mon doucheur, mon cavalier du Bois. J'ai été suivie au Bois par mon valet de pied, à cheval !...

J'avais perdu la tête. Que faire ? Ordonner à cet intrus de s'éloigner ?... Avec la livrée de Baptiste sur le dos ?... Avoir l'air de se chamailler avec ses domestiques dans la rue ! .. Fi !... Mais alors ? Le laisser remonter sur le siège, à côté du cocher, et tout dire en rentrant à mon mari...

C'est cela. Il chassera Baptiste..... non, ce monsieur, et on tàchera de retrouver Baptiste qu'il a sans doute assassiné dans le douchoir.... On les chassera tous les deux ! C'est une indignité !....

J'arrive en retard. Gustave était impatient. Comment lui raconter cette aventure ? Monsieur est violent, emporté, jaloux... Il n'aime pas l'imprévu. J'étais perplexe...

— Madame est servie ! s'écrie, au seuil du petit salon, une voix de basse-taille, d'un creux dans lequel j'ai failli m'évanouir.

— Tiens ! dit mon mari, un nouveau valet de chambre ? Vous avez donc renvoyé Baptiste ?

— Mais, mon ami... répondis-je toute tremblante...

— C'est fàcheux ; Baptiste faisait bien son service. . et puis, il avait de la tenue, il était actif ; tandis que celui-ci paraît lourd ; il a du ventre. C'est fàcheux, ma chère ; je ne puis pas supporter d'être servi par un homme obèse... Et comment s'appelle ce garçon ?...

— Je vais te dire, mon ami, c'est que..

Alors... j'en ai encore froid dans le dos... le nouveau valet de pied, mon doucheur, l'homme du Bois, répond, en jetant sur moi deux regards enflammés :

— Je m'appelle Ruy-Blas !

Et il laisse tomber à mes pieds une assiette qu'il essuyait gauchement... Vous voyez le tableau.. .

J'ai beau dire à mon mari que ce laquais est simplement un camarade que Baptiste malade m'a prié d'accepter pour faire son intérim ; Gustave, qui est impitoyable sur le chapitre domestiques, jette ce fou à la porte.

Après tout, j'en étais débarrassée ; c'était l'essentiel.

Mais faut-il que les hommes soient bêtes !...

*
* *

Je dis que j'en étais débarrassée... Je le croyais ; mais quand un homme est à la poursuite d'une femme, c'est le diable pour le dépister...

Je me figurais donc que mon gros animal renoncerait pour toujours à porter mes couleurs... Néanmoins, en faisant mes courses, j'avais peur à chaque instant de le voir se cabrer devant moi. Je ne suis pas allée chez ma couturière dans la crainte de le trouver sous ma jupe. Le soir, au théâtre, chaque fois qu'un monsieur passait devant la loge, vite, je me cachais derrière mon éventail. J'avais peur même du loueur de lorgnettes. On jouait *Ruy-Blas*... comme un fait exprès. Au cinquième acte, lorsque Mounet-Sully découvre sa livrée rouge, mes yeux ont rencontré le regard sévère de Gustave qui m'a toute remuée, comme si j'étais coupable...

Décidément il valait mieux tout lui dire ...

Nous allons chez Tortoni, comme d'habitude, avant de rentrer. A peine assis, un gros garçon nous présente la carte... Cette fois, je me suis crue perdue... C'était encore lui, toujours lui !!...

— Ah çà, que signifie ? s'écrie mon mari furieux. Encore cette brute devant mes yeux ?...

— Monsieur ! réplique l'homme au tablier, d'un ton hautain, vous me rendrez raison de cette impertinence ! Voici ma carte ...

Et il tend à Gustave un petit cartel, avec une couronne au milieu, sous laquelle j'ai lu : *Vicomte Agénor de La Boulebonne.*

— Imposteur ! dit mon mari.

— Insolent ! riposte mon homme.

Tapage. Scandale. On va chercher la police...

J'allais tout expliquer, lorsque Gustave dénonça le vicomte-garçon comme un individu dangereux qu'il avait dû jeter, le matin même, à la porte de sa maison où il s'était introduit sous un nom d'emprunt.

Les explications que Ruy-Blas donna parurent louches. Il n'avait sur lui qu'une carte au nom de *Charles Poupin.* Sous son tablier il portait un gilet de livrée !... la livrée de Baptiste !... On trouva 20 billets de mille francs dans son portefeuille, avec

la photographie, très décolletée, d'une personne vue
de dos, mais demeurée inconnue. Dans une de ses
poches on découvrit un assez gros robinet enveloppé
dans un volant de dentelles.

Les agents le conduisirent devant le commis-
saire de police qui, après l'avoir interrogé, lui
trouva une ressemblance frappante avec l'assas-
sin de la rue des Jeûneurs que personne n'avait
encore vu depuis le crime. Il le mit en état d'arres-
tation, et le retint sous l'inculpation de vol domes-
tique, d'injures publiques, de tapage nocturne, de
vente d'images obscènes, d'outrages aux agents
et aux bonnes mœurs, de tentative d'empoisonne-
ment dans une maison habitée, d'exercice illégal de
la médecine, de port illégal de livrée étrangère,
d'assassinat, d'usurpation de titre et de vagabondage
à main armée... Il avait en effet une petite cuiller
à la main droite lorsque les gardiens de la paix l'ont
arrêté...

Il a dû passer la nuit au poste.... Je n'ai pas de
ses nouvelles... Évidemment, il finira mal...

.   .   .   .

Mais aussi, avouez que les hommes sont bien
bêtes ! !

MONOLOGUES

Fous (les), poésie comique, par Charles Samson, dite par Coquelin aîné, sociét. de la Com.-Fr., in-18   1 »

Garçon d'honneur, odyssée en vers, par Paul Roux, racontée par Homerville (dess. de E. Ricaud)..   1 50

Gens (les), fantaisie rimée, par Georges Lorin, dite par Félix Galipaux, du théâtre du Palais-Royal, (illustrée par Cabriol, sur papier teinté)......   1 50

Godart, monologue en prose de G. Moynet, dit par Coquelin cadet, de la Comédie-Française.....   1 »

Halle aux Baisers (la), monologue en vers, par A. Mélandri, dit par Mlle Reichenberg, de la Comédie-Française (dessin de Willette).............   1 »

Homme maigre (l'), monologue, par Robert de Lille, dit par un *Homme gras*.....................   1 »

Homme mort (l'), monologue posthume de Sapeck, exhumé par Coquelin cadet, de la Comédie Française, premier fossoyeur d'Hamlet (*King of Danemarck*).....................   1 »

Homme propre (l'), monologue en prose, par Ch. Gros, dit par Coquelin cadet, de la Comédie-Française (illustration de Cabriol).....................   1 »

Homme qui baille (l'), monologue comique, par Grenet-Dancourt, dit par Coquelin cadet, de la Comédie-Française, 2° édition.....................   1 »

Homme qui ne peut pas Siffler (l'), conte en vers, par Eugène Adenis, dit par Coquelin aîné, de la Comédie-Française, in-18.....................   1 »

Je ne veux plus Aimer, monologue, par Julien Berr de Turique, dit par Georges Guillemot, du théâtre du Gymnase, in-18 ....   1 »

Je vous Aime ! monologue en vers, par Alph. De Launay, dit par Mlle Lincelle, du th. du Vaudev.   1 »

Idylle parisienne, monologue en vers, par Georges Gillet, dit par Deroy, du th. de la Gaîté, in-18.   1 »

Lamento du Coquillage (le), insanité rimée, par A. Mélandri, dite par Coquelin cadet, de la Comédie-Française (illustr. de Moloch), in-18..........   1 »

L'eau, conférence claire, par Jean Mézin, faite à la salle des conférences par le conférencier Coquelin cadet de la Comédie-Française. — Illustrations par Jean Marie.....................   1 »

Lettre d'Amour, saynète en prose, par Jules Legoux, jouée par Mme Jeanne Marni, du théâtre du Gymnase, in-18.....................   1 »

LETTRE DE TOTO (la), monologue en vers, par Henri Meilhac, dit par Mme Céline Chaumont, du théâtre des Variétés, et par Mlle Gabrielle Réjane, du théâtre du Vaudeville. — Illustrations par B. Borione. 1 »

LETTRE ROSE (la), monologue, par Alphonse De Launay, dit par Mme Marguerite Conti, du théâtre de la Renaissance, in-18................................... 1 »

LUNETTES DE MA GRAND'MÈRE (les), monologue en vers, par H. Montapon, dit par Mlle Reichenberg, de la Comédie-Française, in-18... .... 1 »

MADAME LA COLONELLE, monologue en prose, par Bridier et Edouard Philippe, dit par Mme Suzanne Lagier, du théâtre de la Porte-Saint-Martin, 3º édit., in-18 .... 1 »

MAMAN ! naïveté en vers, par Paul Roux, dite par Mlle Hamann, du théâtre de l'Opéra, in-18... 1 »

MICROBES (les), monologue, par Maurice Millot, in-18 .... 1 »

MINET, monologue en v., par F. Bessier, dit par E. Bonheur, in-18 .... 1 »

MOINE (le), monologue, par Jean Nicolaï, dit par Mme Anna Judic, du th. des Variétés, 2º éd., in-18. 1 »

MON DUEL, scène-monologue, par Paul Nas, avec de nombreuses illustrations dans le texte, in-18.. 1 »

MONOLOGUE (le), monologue en prose, par E. Bourrelier, dit par De Féraudy, de la Comédie-Française in-18 .... 1 »

MONOLOGUES COMIQUES ET DRAMATIQUES, par E. Grenet-Dancourt, 4º édit., 1 vol. gr. in-18............ 3 50

MONOLOGUES ET RÉCITS, par Emile Boucher et Félix Galipaux, 1 vol. in-18...................... 2 »

MON PARAPLUIE, monologue en vers, par Elie Frébault, dit par Félix Galipaux, du Palais-Royal. In-18 1 »

MONSIEUR MON PARRAIN, saynète, par J. Legoux, jouée par Mlle Durand, de la Comédie-Franç. In-18. 1 »

MOUCHE (la), monologue en vers, par E. Guiard, dit par Coquelin aîné, de la Comédie-Française. 23º édition, in-8............................. 1 »

MOUCHOIR (le), monologue en vers, par G. Feydeau, dit par Félix Galipaux. In-18. .... 1 »

MOYEN DE RESTER FILLE (le), fantaisie en vers, par V. Revel, dite par Mlle G. Réjane, du Théât. des Variétés 1 »